Rômulo B. Rodrigues

CURSO DE RADIESTESIA

São Paulo/SP

1ª edição

2019

amazonkindle

RODRIGUES, Rômulo B. Curso de Radiestesia / Rômulo B. Rodrigues. Clube de Autores. 2019.

Organização: Rômulo B. Rodrigues

Impresso pelo Clube de Autores – 2019.

2019. Escrito e produzido no Brasil.

1. Vida sustentável. 2. Estilo de vida ecológico. 3. Holismo. I. Título.

ISBN 978-1798634967

COORDENAÇÃO:

Rômulo B. Rodrigues

E-MAIL: romulobr@outlook.com

FACEBOOK: http://facebook.com/romuloborgesrodrigues

BLOG: equilibrioeconsciencia.wordpress.com

TWITTER: @_arahat

SKYPE: samadhi514

CONTEÚDO PROGRAMÁTICO

INTRODUCÃO

A Radiestesia é a ciência que detecta e mede energias sutis através dos instrumentos radiestésicos. Essa capacidade radiestésica se consiste em uma faculdade supra sensorial (subconsciente) inerente a todos os seres humanos, que permite a captação de energias sutis através do corpo humano (radius = radiação / aisthesis = sensibilidade).

O abade Alexis Bouly foi o criador da expressão Radiestesia. Antigamente, a Radiestesia era conhecida pelo nome de Rabdomância. Esse termo designa o uso de varas em forma de forquilha para a prospecção de mananciais de água subterrânea, veios minerais, etc. (rhabdos = vara / mancia = adivinhação).

A perfeição do corpo humano está baseada não só na máquina humana, como também na ligação do subconsciente humano com o inconsciente coletivo, também chamado de mente universal, inteligência infinita, etc, que possui todas as respostas, por ser coletivo.

A Radiestesia vem sendo praticada há milhares de anos. Há registros de sua utilização em pinturas das grutas pré-históricas tanto no oriente, nas cavernas do subsolo dos Pirineus, como em documentos arqueológicos peruanos.

Na China, o Imperador Huang Ti era visto numa xilogravura com um objeto parecido com um diapasão. Ao mesmo tempo, ele foi reconhecidamente um grande estudioso e descobridor de jazidas, fontes, objetos ocultos e decifrava os momentos energeticamente certos para os diversos plantios. Ele cuidava também da saúde das casas e das pessoas descobrindo onde o subsolo tinha ou não problemas, através de uma varinha em forma de forquilha.

No Egito, a Radiestesia já era uma arte, praticada pela nobreza. Eles conheciam o segredo das ondas telúricas nocivas naturais do subsolo e como se proteger ou criar um lugar nocivo.

Desde essa época, a Radiestesia era usada por magos, curandeiros e médicos. Eles usavam o pêndulo na medicina, matemática, astronomia, astrologia, adivinhações e outras áreas para o conhecimento humano.

Nesta mesma época, há registros de outros povos que utilizavam a Radiestesia. Como por exemplo: gregos, romanos, persas, hebreus, etruscos, hindus, polinésios, gauleses e peruanos.

Na Europa, sua fase áurea foi na Idade Média. A mineração crescia, e na procura de minas, utilizavam frequentemente as forquilhas, varas de bambu e outros instrumentos.

No final do século XVIII verificou-se o renascimento do pêndulo, seu lançamento se deu em 1798, passando a ser cientificamente estudado a partir do século XIX.

Após o aprimoramento das pesquisas de subsolo, as experiências, testes e observações em diversos setores da atividade humana, a Radiestesia passou a ser melhor estudada e organizada.

O primeiro congresso de radiestesistas ocorreu em 1911, em Hanover, na Alemanha. Ela foi amplamente utilizada na primeira guerra mundial, na procura de minas enterradas e procura de abrigos. Nesta época, surgiram dois importantes radiestesistas: o Abade Bouly e o Abade Mermet.

A Radiestesia médica foi inaugurada pelo médico americano Dr. Albert Abrahans, que comparou o corpo humano a uma estação de rádio enviando mensagens, com radiações de alta freqüência, a partir de cada célula, tecido ou órgão, que podem ser captadas pelo pêndulo, indicando assim a saúde ou doença.

Outro importante Radiestesista foi o francês Andrés Bovis, que utilizou o pêndulo para verificar a qualidade dos alimentos e das correntes magnéticas sutis da Terra.

Esta pesquisa foi muito importante, pois demonstrou que existem correntes magnéticas positivas que fluem do norte ao sul e correntes negativas que fluem do Leste para o oeste, e que os corpos humanos são especialmente afetados por estas linhas magnéticas de força.

Os pioneiros da Radiestesia no Brasil foram os padres da Igreja Católica. Porém eles mantiveram seus estudos em segredo dentro dos mosteiros.

Algumas missões franciscanas das missões de Mato Grosso usavam o pêndulo para diagnosticar e escolher tratamento fitoterápico.

Somente na década de 30, foi fundada a Sociedade Brasileira de Radiestesia, pelo engenheiro Alfredo Becker dando início a estudos incansáveis sobre esta matéria.

MÓDULO I

Instrumentos radiestésicos

São os materiais que fazem a ponte entre o consciente e o inconsciente do operador.

Todos funcionam por convenção mental, e todos trabalham por equilíbrio; ou seja, o desequilíbrio é considerado como "sim" ou "não", de acordo com a convenção.

Existem determinados movimentos aceitos universalmente na Radiestesia. Portanto, procure sempre utilizar esses movimentos, porque assim você estará se beneficiando com a egrégora existente desses movimentos, tornando seus trabalhos mais fáceis.

O pêndulo e outros instrumentos radiestésicos detectam essas emissões de energia, fornecendo ao radiestesista as informações necessárias ao seu trabalho através de oscilações e/ou movimentos pré-definidos que utilizam o conceito de inconsciente coletivo, onde a pergunta feita com o auxílio do pêndulo se traduz em um binômio sim/não.

O Instrumento radiestésico nada mais é que um amplificador e decodificador que podemos usar nos processos de conhecimento ou autoconhecimento. Ele nos ajuda, respondendo perguntas de todos os tipos – diagnósticos médicos, qual o melhor tipo de tratamento, localização de jazidas, água subterrânea, pessoas e objetos desaparecidos - desde que elas sejam feitas de forma clara e objetiva.

Este processo parte do princípio da sintonia entre os processos externos, nosso inconsciente e nossa micro musculatura. Denomina-se esta sintonia de ressonância.

Assim sendo, nosso sistema emite impulsos involuntários que provocam movimentos nos instrumentos radiestésicos.

Instrumentos utilizados

Pêndulo

Instrumento que serve para ligar nosso inconsciente ao nosso consciente. Ele é representado por um peso na ponta de um fio flexível e resistente; deve ter formato simétrico e uniforme, pode ser redondo ou alongado; pode ser sólido ou oco para colocarmos amostras (testemunho) dentro. Pode ser de madeira, cristal ou metal.

Para utilizá-lo com precisão são recomendados muitos exercícios simples de convenção, para estabelecer uma linguagem entre o inconsciente e o consciente.

Veremos alguns nos experimentos.

Varinha ou forquilha

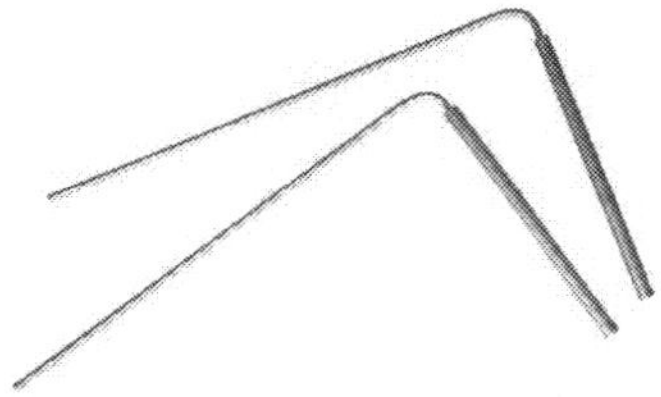

Instrumento que amplifica os reflexos neuromusculares inconscientes, revelando a existência ou característica de um objeto pesquisado. É um instrumento prático e de fácil aquisição. Ele é versátil na detecção de jazidas, água e determinação das profundidades. Consiste numa haste flexível em forma de Y. Pode ser de aço, cobre ou madeira. Devemos segurá-la com as palmas voltadas para cima, para que todos os dedos fiquem fechados. Os cotovelos ficam junto ao corpo e os antebraços na horizontal.

O processo de procura chama-se prospecção. Ele se inicia com um caminhar lento sobre o terreno a ser pesquisado com a varinha na posição acima descrita. Ao atingir-se o ponto procurado, a varinha pode abaixar-se ou levantar-se, denotando o encontro com aquilo que procuramos. O sentido do movimento dependerá do que convencionamos anteriormente de forma mental. Podemos desta forma, mapear um terreno inteiro através do uso da varinha.

Aurameter

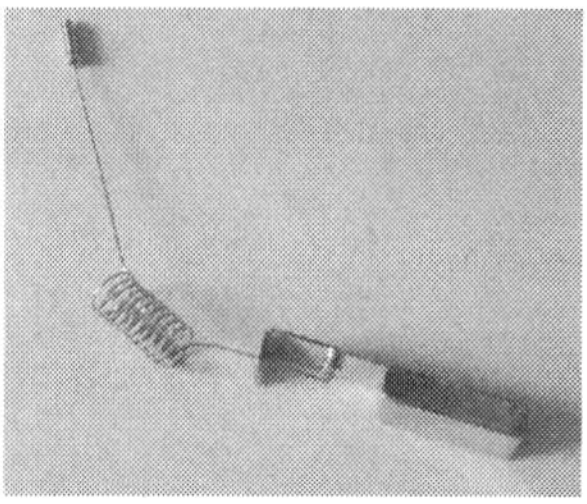

Instrumento muito delicado que precisa ser usado com paciência e sem pré-julgamentos. Com ele pode-se delinear a aura humana, localizar fontes de água subterrânea, jazidas, etc. Por ser muito preciso pode ser usado em experiências científicas. Mas, para isso, é necessário muito treinamento.

Dual – rod

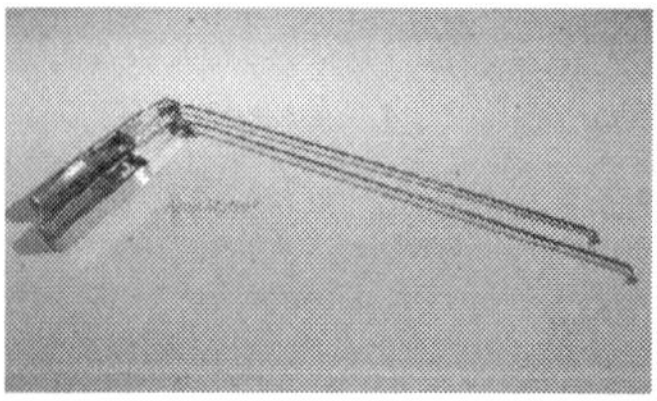

Significa "duas varinhas". Sua principal aplicação é para a caracterização de uma fonte de energia, o discernimento sobre se é energia positiva ou negativa caberá ao operador.

Quando houver uma fonte de energia as letras irão de cruzar, sendo que elas eram mantidas inicialmente no sentido horizontal. É importante um bom treinamento, para que o operador se acostume com os movimentos das varinhas.

Experimentos

Estes experimentos são importantes para fazerem-se as "convenções" ou estabelecer-se uma linguagem uniforme entre o inconsciente e o consciente.

Pêndulo: forma de uso

Devemos estar relaxados para não permitir que nosso consciente atue, influenciando o pêndulo e para que o nosso inconsciente seja capaz de sintonizar as freqüências que estamos pesquisando.

1– Linhas Paralelas

Monta-se 4 grupos de linhas paralelas. Um grupo formado de linhas horizontais, outro de linhas verticais, outro oblíquo à direita e outro oblíquo à esquerda.

Segure o pêndulo pela corrente a mais ou menos 15 a 20 cm de distância do papel. Coloque-o sobre o primeiro grupo e dê um impulso inicial e deixe o movimento fluir sem sua interferência, lentamente, sem movimentos bruscos. Mude de grupo e observe que o movimento do pêndulo vai mudando e passa a mover-se na direção deste novo grupo. Siga da mesma forma para os outros dois grupos.

Quando levamos a mão para cada um dos grupos, nosso inconsciente se sintoniza com a frequência das linhas e determina ao seu sistema nervoso e muscular que impulsione o pêndulo na direção do desenho abaixo.

2- Linhas Cruzadas

Agora vamos dar ordens mentais. Coloque o pêndulo sobre a intersecção de duas linhas, parado e de ordens:

•Faça movimento vertical;

•Agora mais forte;

•Verifique se sua ordem está sendo atendida;

•Entre uma ordem e outra mande que ele pare;

•Faça movimento horizontal;

•Agora mais forte.

Isto é só para demonstrar o poder do seu consciente. O que nos interessa é o inconsciente.

3 - Semicírculos

Neste exercício, vamos precisar de um diálogo entre o inconsciente e o consciente, de um entendimento, das "convenções mentais".

O pêndulo deve ser colocado na região central do semicírculo à sua direita. Determine mentalmente:

•Gire no sentido horário (da esquerda para a direita);

•Gire mais forte;

•Enquanto estiver fazendo este movimento diga mentalmente que este movimento significa "sim" (positivo);

•Toda vez que você fizer uma pergunta, e a

resposta for "sim," (positiva) ele deverá girar no sentido horário.

No semicírculo da esquerda faça ao contrário:

Gire no sentido anti-horário (da direita para a esquerda).

Gire mais forte.

•Enquanto estiver fazendo este movimento diga mentalmente que este movimento significa "não" (negativo).

•Toda vez que você fizer uma pergunta e a

resposta for "não" (negativa) ele deverá girar no sentido anti-horário.

Varinha ou forquilha

O processo de prospecção vai depender de exercícios de convenções mentais que fizermos. Por exemplo:

Mande a varinha levantar.

Diga mentalmente que isto significa a existência naquele lugar do que procuramos.

Mande a varinha abaixar.

Diga mentalmente que isto significa que naquele lugar não há o que você procura.

Depois saia andando lentamente por um terreno a procura de algo pré-estabelecido e verifique se a convenção está funcionando bem.

Se andarmos em zig-zag, seus movimentos poderão detectar trilhas de veios subterrâneos.

Aurameter

Da mesma forma que foi feito com os outros instrumentos, vamos estabelecer as convenções mentais previamente.

Procurando estabelecer uma linha reta entre o aparelho e seu antebraço, segure-o com o polegar e o indicador, de uma forma mais leve possível. Aproxime-se do paciente com o aparelho lateralmente na altura dos ombros.

À medida que se aproximar, o aurameter encontrará uma resistência e notará que isto se manterá ao longo do corpo. Esta é a medida da aura da saúde ou duplo etéreo da pessoa.

Essa mesma medida deverá ser encontrada dos dois lados da pessoa, indicando equilíbrio. Caso sejam diferentes, indica desequilíbrio.

•Se depois que a aura foi delimitada você notar afastamentos em pequenos fluxos, indica perda de energia.

•Se o aparelho for atraído pelo corpo, indica falta de energia ou energia negativa.

- Para continuar restabeleça o equilíbrio com um quartzo rosa.
- Passamos então a examinar os chakras e perguntamos:
- Como este chakra está? Positivo ou negativo?
- Se estiver positivo, girará no sentido horário.
- Se estiver negativo, girará no sentido anti-horário.

Cada chakra está ligado a uma série de distúrbios específicos. Se for diagnosticado que está negativo, devemos pesquisar a que isto se refere.

Dual-rod

Treinar movimentar-se pela casa com as varinhas em paralelo, e assim, habituar-se a seus movimentos e sensibilizar-se com a energia fluindo no aparelho, bem como, a partir disso, fazer algumas convenções mentais.

MÓDULO II

Definições

Aura, chakras e Energia Vital (Ki)

Aura

É formada por várias camadas. É a energia que cerca o corpo físico. A camada mais importante é a que fica próxima ao corpo físico, de 10 a 25 cm de espessura. Ela é uma cópia do mesmo. Sendo, portanto, chamada de duplo etérico ou aura da saúde. Qualquer problema com ela interfere diretamente com a nossa saúde.

A aura possui uma gama de cores, as quais já foram constatadas pela foto Kirlian. O diagnóstico desta camada se dá pela análise de suas cores, indicando o tipo de distúrbio, se é físico, emocional, intelectual, espiritual ou energético.

Esta pesquisa das cores pode ser feita pela Radiestesia ou por pessoas que desenvolveram a sensibilidade deste tipo de visão.

Toda pessoa nasce com uma freqüência energética específica, que se expressa através de uma cor, que lhe confere caracteres de personalidade com aspectos positivos e negativos, denomina-se a esta cor "aura da personalidade".

Chakras

Em sânscrito significa "roda" ou "moinho". São pontos existentes no corpo por onde é acessada a energia vital, Ki ou Prana, que percorre todo o nosso corpo.

Temos milhares desses pontos ao longo do corpo, formando trajetos, que são os meridianos, que transportam essa energia vital.

A energia das cores é absorvida e repassada para as células através dos chakras.

Energia Vital – Ki (Prana)

É a energia que invade o organismo no momento do nascimento, segundo a MTC. Enquanto o Ki flui pelo corpo sem obstáculos, o indivíduo está equilibrado, livre de doenças.

Os distúrbios e doenças surgem quando o Ki está obstruído ou em desequilíbrio. Cada pessoa demonstra um determinado desequilíbrio de forma pessoal, peculiar, em cada momento. Portanto, cada desequilíbrio também deve ser tratado de forma pessoal.

MÓDULO III

Restauração da aura e dos chakras

O reequilíbrio energético pode ser feito de várias maneiras: com Acupuntura, Cromoterapia, pedras, aromas, ervas fitoterápicas, imposição das mãos, Radiestesia, Radiônica, entre outras. Através do reequilíbrio energético, estaremos tratando a causa das doenças, que é um sintoma desse desequilíbrio.

Há uma série de diagnósticos, entre eles, o exame do pulso na Acupuntura e o uso do pêndulo na Radiestesia, que detectam o desequilíbrio antes mesmo que haja algum sintoma. Este tipo de diagnóstico é o mais importante, pois estaremos lidando com a verdadeira prevenção.

Radiestesia médica

Através dos gráficos radiestésicos, o radiestesista faz uma completa varredura energética na pessoa e em sua aura, restabelecendo o equilíbrio de suas energias físicas, mentais e sutis, curando doenças existentes e prevenindo o aparecimento de futuros distúrbios.

MÓDULO IV

Ondas alfa e Radiestesia

Alfagenia

É a geração de ondas alfa (8 a 13 ciclos / segundo) que antecedem o sono. A pessoa estando com a mente emitindo estas ondas, conseguirá reconhecer os estados progressivos da consciência, auto programar-se, tornar-se intuitiva, receber e emitir pensamentos e ter percepção extra-sensorial. Dessa forma, ela estará num estado mental onde tudo é facilitado e desenvolvido.

Para entrarmos neste estado de vibração é importante o relaxamento. Primeiro dos músculos da face e testa, depois dos olhos e a partir daí, do corpo todo.

Na fase seguinte, soltar-se dos pensamentos e sentimentos. Depois desse momento, com a tela mental limpa, projetar nela o que se quer com muita clareza.

MÓDULO V

Geobiologia

Geobiologia é a ciência que estuda as energias da Terra e as suas relações com os seres vivos.

Muitas enfermidades e transtornos sofridos pelas pessoas no passado, pareciam associados às radiações procedentes do subsolo. Durante anos foram realizadas pesquisas por médicos, biólogos, geólogos, arquitetos e outros investigadores que foram configurando a ciência que hoje conhecemos como Geobiologia. Hoje ela é reconhecida como ciência e é matéria de estudos em algumas universidades.

O ambiente em que moramos possui significativa influência sobre nosso humor, sobre nossas reações psíquicas. Desta forma, é interessante descobrirmos os meios que nos ajudarão viver bem em nossa casa.

Alinhamento das camas segundo a Geobiologia

Mantenha as cabeceiras das camas de sua casa preferencialmente alinhadas com o Norte. Se não for possível, a segunda opção é o Leste. Isto auxilia a recarregar as baterias e proporciona melhor qualidade de sono.

Retire aparelhos da cabeceira das camas

Retire da cabeceira das camas equipamentos eletroeletrônicos, tais como celulares, relógios, rádio, etc. Tais aparelhos servem apenas para debilitar nosso campo vibratório. Nunca durma com o aparelho de TV ligado próximo a você.

Campos eletromagnéticos

Retire tomadas que estejam muito próximas à cabeceira da cama. O campo magnético produzido por elas interfere na qualidade do sono. De atenção especial às tomadas duplas em que a fiação corre pela parede por de trás da cabeceira.

Tenha a natureza como aliada

Mantenha plantas em sua casa. Elas auxiliam a purificar o ar e retiram conteúdos nocivos dos ambientes, tais como o formaldeído e o benzeno. A eficácia das plantas na descontaminação ambiental foi constatada pela NASA há muito tempo.

Uso das cores

Faça uma boa combinação de cores em sua casa. A escolha correta de tons contribui para tornar o ambiente calmo e auxilia no equilíbrio psíquico dos moradores.

A Geobiologia recorre muito ao equilíbrio através das cores.

Padrão estético

Evite uma decoração carregada. Não decore sua casa com quadros que representem sofrimento, guerras, fome e outras mazelas do mundo, que servem para diminuir nossa fé na raça humana. Sua casa deve ser um retiro calmo que proporcione paz e tranquilidade. Aproveite para ter quadros com cores quentes e temas alegres em alguns ambientes, com uma decoração que induza a calma em outros cômodos.

Televisores

Os aparelhos de TV antigos criam grandes campos eletromagnéticos, além de emitirem feixes de ondas nocivas. Desta forma, procure manter distância mínima de uns três metros dos aparelhos. Evite os aparelhos de plasma; estes consomem muita energia e aumentam a temperatura ambiente em até 10 graus.

Areje sua casa

É uma forma simples e eficiente de renovar as energias locais. Abra as janelas e portas constantemente e deixe o ar se renovar e o sol entrar.

Evite os carpetes em sua casa ou escritório

Quem gosta de carpete são os ácaros e fungos, que podem formar várias colônias neles. Os carpetes são apontados como um dos fatores responsáveis pelo grande aumento de problemas respiratórios e alérgicos.

Confie em suas próprias sensações

Preste atenção à sua própria sensibilidade; ela já livrou muitas pessoas das ondas e emissões telúricas.

A Rede de Linhas Hartmann e as energias telúricas

Através da Geobiologia fazemos a compreensão dos seguintes assuntos: Linhas Hartmann, perturbações do solo e ondas nocivas "ON".

O Dr. Hartmann, médico alemão e um dos pioneiros pesquisadores da Geobiologia, foi o descobridor das linhas que cobrem todo o planeta Terra em toda a sua extensão, denominando-as Rede de Linhas Hartmann. Essas linhas formam um quadriculado de paredes invisíveis de energia, que se elevam verticalmente a grandes alturas e atravessam todos os obstáculos físicos: terra, concreto, tijolos, pedras, etc.

Existem pesquisas sobre energias telúricas no mundo inteiro, como as que foram feitas na União Soviética e em outros países. Na França, por exemplo, temos as chamadas zonas de câncer, onde as prefeituras procuram evitar qualquer construção.

Através da análise realizada por uma pessoa especializada, são descobertos fatores físicos, energéticos e psíquicos passíveis de causarem perturbações em seus moradores ou funcionários. Nesta análise, é descoberto se dentro da construção existe energia telúrica que é um causador de perturbações e é originada devido à existência de lençóis freáticos, matéria orgânica em decomposição, ocos ou vazios do subsolo, veios de água ou cruzamentos de veios d'água, em locais onde seres vivos permanecem por mais de duas horas.

Estes acidentes provocam o surgimento de uma energia altamente danosa ao ser humano, principalmente à noite, quando não temos energia solar que contrabalanceia e diminui os efeitos dessa nocividade.

Outros fatores que causam efeitos extremamente nocivos à saúde física, mental e emocional das pessoas é a contaminação elétrica, eletrônica e eletromagnética que ocorrem, por exemplo, através da existência de poluição causada por antenas de alta tensão e antenas de celulares.

O envenenamento da alma

Pesquisas efetuadas com ratos em laboratório comprovam que quando suas gaiolas são colocadas parte sobre uma zona agredida e desequilibrada por energias telúricas e a outra parte por uma área de boa qualidade, eles tendem a procurar a zona boa, quando a gaiola era colocada inteiramente sobre zonas afetadas o comportamento dos animais tornava-se mais agressivo e a reprodução mais acelerada.

Constataram ainda que doenças como o câncer, muitas vezes está associada a correntes de energia telúrica que incidem sobre o dormitório do doente.

Quando se habita em uma zona perturbada por essas energias, sofre-se suas influências, sendo uns com menos e outras com mais impacto, já que as pessoas possuem diferentes níveis de resistência a qualquer agente agressor. No entanto, quando tratamos de zonas muito perturbadas, podemos dizer que é uma questão de tempo até que a pessoa manifeste alguns sinais de debilidade.

Estes fatores, cuja nocividade é variável, podem acarretar ou intensificar problemas degenerativos como o câncer, desordens nervosas, fadiga excessiva, problemas cardíacos e circulatórios; doença cuja causa é desconhecida e que não responde a nenhum tratamento, reumatismos e artrites, etc.

Sintomas que não estão ligados diretamente a doenças físicas, podem também ser indicativos de incidência telúrica, tais como falta concentração, baixo rendimento escolar e depressões.

O método utilizado para a prevenção e tratamento desses problemas é feito através da utilização da Radiestesia e Radiônica.

Além do pêndulo, o radiestesista pode necessitar de inúmeros outros instrumentos. A escolha do instrumento dependerá do tipo de trabalho radiestésico a ser feito, das condições ambientais e da própria habilidade e sensibilidade do operador. O radiestesista experiente sempre saberá escolher o instrumento mais adequado ao trabalho que pretende desenvolver.

MÓDULO VI

Captação e realinhamento energético/radiestésico

Apoiado na mais antiga escola de tradição de magia, a captação e realinhamento energético é do o estudo dos sete corpos ou principais vórtices de energia do corpo humano, os chakras.

A captação energética é feita através de um pêndulo e de gráficos radiestésicos ligados a uma escola do plano astral em tradição e magia chamada OXY.

Neste processo é possível detectarmos algumas energias que impedem o processo de aprendizado e evolução:

Influência negativa de seres fora do físico: Sofre influências de entidades de baixo nível evolutivo que habitam fora do plano físico, devido à sintonia mental.

Influência negativa de outras vidas: Atitudes, pensamentos negativos ou medos profundos de outras vidas que influenciam negativamente e inconscientemente a vida cotidiana atual.

Energia negativa da natureza: Envolve perda de vitalidade (física e emocional) devido ao enfraquecimento do campo sutil.

Energia negativa própria: Ligadas a pensamentos repetitivos e quando se tem pensamentos desarmônicos, indelicados; estes continuam a existir em regiões etéreas e permanecem ligados a pessoa quem os criou.

Energia negativa provocada: Quando a pessoa recebe uma grande quantidade de energia negativa consciente e propositadamente dirigida através de um elo ou ponte mental de uma determinada pessoa em comunhão com outras, criando uma corrente psíquica altamente prejudicial.

Energia negativa de pessoas: Desequilíbrio que se recebe em menor proporção de pessoas que as emitem, consciente ou inconscientemente, popularmente conhecidos como inveja, olho gordo, mau olhado, etc.

Energia negativa de ambiente: Normalmente, a pessoa sensível e receptiva, está à mercê das vibrações circundantes. Sua membrana astral muito porosa deixa que energias ambientais penetrem no interior, mais do que o necessário. Ela sente normalmente o corpo pesado devido a ambientes nefastos ou lugares com grande concentração de pessoas.

Energia negativa de formas: Gerada por objetos ou formas geométricas que emanam energia nociva à célula viva; mais comumente encontradas em objetos ou quadros mobílias antigas ou presentes de pessoas com sentimentos negativos.

Miasma: É uma depressão ou mácula no campo de energia do material de construção do corpo. É centrada na comida, no solo, podendo ou não se manifestar durante uma vida. Os principais são: câncer, tuberculose, sífilis e psoríase. Elas se manifestam quando as leis naturais são transgredidas na vida da pessoa.

Toxinas: Agente tóxico que atua no corpo etéreo represando energias, causando bloqueios e desequilíbrio orgânico.

Eletricidade: Sensível à interferência que aparelhos elétricos (rádio relógios, TVs, geladeiras, etc.) causam à célula viva e ao campo áurico.

Através de gráficos radiestésicos próprios para cada situação, é possível devolver a energia perdida da pessoa, bem como bloquear a interferência energética maléfica.

Utilizando instrumentos específicos, como o pêndulo, a Radiestesia capta as vibrações do nosso campo bioenergético que trabalha com as dimensões vibratórias mais profundas do corpo humano e de tudo o que o cerca, visando encontrar possibilidades para corrigir possíveis alterações, a fim de promover o equilíbrio e o bem-estar da pessoa.

Tudo no universo é uma fonte de energia que ressoa em certa frequência ou, uma combinação de frequências com outros elementos. Nosso corpo é feito de um número incontável de átomos e moléculas representando vários elementos.

Cada molécula elementar ou átomo ressoa em harmonia com outra, quando estamos em perfeito equilíbrio. Acontece que em todo o momento estamos expostos a energias nocivas, como: ondas de rádios, TV, antenas, energias de pessoas, etc, podendo gerar uma serie de desequilíbrios. Elas passam sobre nossos corpos, da mesma forma que somos afetados pela radiação do sol, da lua, da Terra e das outras pessoas; porque, mesmo pensamentos criam energias que se irradiam através de nossos corpos.

Frequentemente, durante o dia, respondemos fisiologicamente, emocionalmente e intelectualmente de alguma forma às diferentes radiações que nos atingem, vindas de várias fontes.

A Radiestesia é uma excelente ferramenta para ampliar nossas reações sutis que experimentamos. Se usada corretamente, a Radiestesia é uma ferramenta benéfica para a identificação e correção da fonte e transmissão das radiações nocivas existentes.

Na realidade, a Radiestesia pode ser dividida em três aspectos:

1. Reação física para frequências e radiações universais de elementos ou combinações de elementos naturais ou artificiais que existem no nosso ambiente físico;

2. Reação emocional dos pensamentos, condições e atitudes de outros, individualmente ou coletivamente e de nós próprios;

3. E frequentemente intuitivamente a eventos que estão fora de nossa percepção linear do tempo, consciência física ou realidade.

MÓDULO VII

O que se pode fazer com a Radiestesia

A Radiestesia pode ser usada em diversos domínios, como, por exemplo: agricultura (qualidade das sementes, qualidade dos terrenos), arqueologia, geologia, investigação policial (achar pessoas desaparecidas), equilíbrio das casas, etc.

No campo da Medicina Holística: pesquisa de florais, fitoterápicos, equilíbrio dos chakras, etc.

Se a Radiestesia nos permite fazer uma medição exata das energias que afetam pessoas, animais, plantas, objetos e ambientes, existe outra técnica que faz correções nesses desequilíbrios. Essa técnica se chama Radiônica.

A Radiônica permite trazer de volta o equilíbrio ou ainda melhorá-lo através da junção Radiestesia - Radiônica, Cromoterapia, cristais, florais, elementos da natureza, com a utilização da energia do pensamento.

Existem algumas correntes de pensamento em Radiônica que utilizam a irradiação de ondas eletromagnéticas hertzianas, com o objetivo de produzir um equilíbrio através de um mecanismo de ressonância de freqüência. Sabe-se que os egípcios colocavam metais sobre o corpo humano com fins terapêuticos.

Toda matéria emite radiações, o que significa que cada elemento inerte ou vivo, é único.

As radiações emitidas por um corpo vivo ou objeto, permitem analisar as energias do todo e das partes.

O terapeuta que utiliza estas técnicas desenvolve dentro de si um ser radiônico, capaz de trazer equilíbrio apenas com a sua presença.

Esta técnica de pesquisa e alinhamento das perturbações vibracionais utiliza também as energias das formas, inclusive às formas-pensamentos. Por isso desenvolve a percepção extra-sensorial. É a técnica do futuro; hoje vista como ficção.

A Radiônica utiliza-se também das cores, que tem sua própria vibração.

A Radiônica pode utilizar a cor terapeuticamente dos seguintes modos:

Visualização: a cor necessária é visualizada como se estivesse sendo inalada e banhando cada ponto em desequilíbrio.

Luz solarizada: é a aplicação da cor filtrada da luz do sol através de filtros ou gel coloridos, sobre a área afetada.

Água solarizada: a água pura é exposta ao sol num recipiente apropriado de vidro colorido por meia hora e depois ingerido como fonte de equilíbrio vibratório.

A escolha da cor adequada: assim como as pedras, filtros, nós somos parte dessa luz e podemos aplicá-la. A influência das cores é primordial para o desenvolvimento do ser humano e o meio em que vive e trabalha.

Ha cores fixas e transitórias que atuam diretamente nos centros de energia das pessoas ou objetos.

A comida é outra alternativa para absorver a cor.

Florais de Bach

A Radiônica pode potencializar ou incorporar os efeitos benéficos dos Florais de Bach que desenvolvem uma profunda harmonia, restaurando o equilíbrio dos corpos, associados ao pensamento, alma, identidade ou espiritualidade.

Limpeza áurica

A Radiônica nos permite, entre outras coisas, fazer a limpeza e restauração da aura. Isto em pessoas, animais, plantas, objetos, residências, partindo da base que toda energia física ou espiritual tem uma determinada ação vibracional.

Relacionamento

A Radiônica analisa um relacionamento a partir da harmonia dos centros de energia, restaurando-os se necessário. Essa restauração pode ser nesta vida ou em vidas passadas.

Vida e trabalho

A Radiestesia é um caminho espiritual. É uma prática que permite o radiestesista buscar dentro de seu sistema neuromotor respostas à suas perguntas.

A mente inferior se torna canal da mente superior.

Ela foi usada há milênios por sacerdotes e cientistas da antiguidade, e é conhecida e praticada no mundo inteiro.

A Radiestesia também é uma ciência que detecta todos os tipos de manifestações energéticas. Através dela podemos descobrir objetos ocultos, doenças, fazer limpeza energética em empresas, em alimentos e medicamentos, alem de evitar desgastes de energia no corpo humano, seja nos setores psíquicos ou físicos.

A Radiestesia é uma faculdade do homem de realizar qualquer tipo de investigação, seja qual for a sua natureza. É um método simples de codificar as respostas solicitadas ao atemporal, que sob o comando da vontade, manifesta-se através dos movimentos do aurômetro.

A manifestação é uma porta segura para a quarta dimensão. Podemos, desta maneira, obter informações que emergem do espaço e tempo.

Autoconhecimento

Se continuarmos a estudar e entender as energias que diretamente influem nas nossas vidas, teremos condições de viver com harmonia e equilíbrio, que são essenciais para alcançarmos a plenitude.

O ponto de consciência situado no centro do chakra umbilical é a sede dos sentimentos e emoções.

Quando desejamos qualquer coisa ou quando pensamos em alguém, surgem desse ponto cordões energéticos semelhantes ao cordão umbilical, que envolvem o objeto de desejo, a ele nos ligando energeticamente. Originalmente verdes, os cordões mudam de coloração conforme o sentimento emanado.

O plexo solar, esse importantíssimo centro de força, que também é chamado de chakra umbilical, contém o Sistema Simpático, que compreende centros energéticos que se estendem desde o cérebro até a medula espinhal e a uma parte periférica de conjunto de nervos e gânglios reunidos por redes de filamentos nervosos chamados plexos.

Como energizar seu plexo solar

Deitado de costas, colocar as mãos (direita antes) dois centímetros acima do umbigo e imaginar que está captando a energia cósmica.

Outras formas de receber energia vital (*prana*): vendo ou ouvindo correr uma nascente, fonte ou cachoeira. A água corrente tem influência direta sobre este chakra, porque na natureza, água corresponde à emoção; absorver energia das árvores, abraçando-as. As árvores têm muito *prana*, principalmente as muito altas e de caule grosso.

Uma outra forma de se energizar próximo a árvores é ficando de costas: a mão esquerda envolvendo a árvore, mão direita sobre o plexo solar formando a corrente. Esta forma é chamada de transfusão.

Os sete corpos do ser humano são:

Corpo físico - Nosso corpo, concreto, visível por todos que estão no planeta Terra.

Corpo astral - Formado pelas nossas emoções. O plano correspondente, o plano astral, está em todas as emoções, paixões, vícios e desejos nele contidos. De cores fortes, bem mais intensas do que as que temos no plano físico, é o plano que atingimos todas as noites quando dormimos e sonhamos. Serve como uma descarga para a nossa psique, "descarregando" nos sonhos e conseqüentemente no astral, nossas angústias e emoções.

Com o pensamento, criamos "formas-pensamento", que nesse plano são reais.

Corpo mental - é o corpo da nossa inteligência, do intelecto, da criação, da inspiração. Tanto o corpo quanto o plano mental se subdividem em dois:

Mental inferior - onde ainda há formas, onde estão as vibrações dos grandes pintores, músicos, artistas. Onde, no intervalo entre-vidas, podemos criar com o pensamento tudo o que quisermos, eliminando as frustrações que na última existência tivemos.

Mental superior - Tanto o corpo quanto o plano se interligam com consciências superiores.

Plano abstrato - Não mais tendo necessidade de formas para se expressar, nesse plano, as consciências se unem com o Todo.

Corpo espiritual - É onde está a alma imorredoura. Para os que não crêem, é onde fica a memória genética que trazemos vida após vida. Compõe-se de três corpos e planos correspondentes:

Manas - Este corpo guarda na memória toda a última vida que tivemos. Ou seja, nós somos o nosso próprio juíz. Ainda conscientes de nossa personalidade, por meio do *Manas*, tomamos conhecimento de nossas outras vidas, o que fomos, além de programar nossas futuras vidas, quem seremos. Nesse plano, temos a plena consciência das qualidades que faltam para nossa alma evoluir.

Búdico - Intuição profunda. Quando pela sua evolução, a alma passa por esse plano, o faz em dormência para se recuperar da difícil jornada que acabou de vivenciar na Terra.

Átmico - Divino. As almas que atingem este plano não tem mais que encarnar na Terra. Se o fizerem, será para ajudar a humanidade em puro ato de amor.

Mônada - Matéria essencial do Criador. É a centelha divina que cada humano ganha em sua alma, quando da sua individualização.

Onde estará localizada a alma imorredoura no homem? Desde os tempos antigos que cientistas e estudiosos continuam pesquisando a localização da alma no homem...

Há teorias de que estaria no cérebro, no hipocampo. Outros optam pelo coração, o que traria problemas éticos na era dos transplantes. Já se comprovou cientificamente a existência dos corpos energéticos, inclusive por fotografias Kirlian. A terapia de regressões às vidas passadas confirma a existência de uma memória imorredoura que acompanha o ser ao longo de sua caminhada rumo à eternidade.

Os antigos egípcios consideravam que a medula espinhal seria a sede da alma, na forma de uma gota vital localizada na base da coluna. Para fins terapêuticos, costuma-se energizar esse fluido vital antes de começar qualquer tratamento energético.

O importante é acreditarmos que algo em nós não acaba. Que nossas atitudes, aprendizado e bons propósitos terão repercussão futura. Nós fizemos o passado da história da humanidade, estamos fazendo o presente, e participaremos do futuro desse planeta.

Isso muda o conceito de morte e o medo que todos temos dela. O medo da morte é um karma coletivo da humanidade. Muda também o conceito de tempo e espaço, a sua relatividade. Nos mostra a grandiosidade que trazemos dentro de nós. Se deixarmos fluir a centelha do próprio Criador, também nós poderemos ter acesso às coisas antes impensadas.

O estudo sério das energias nos transporta ao mundo mágico de outras dimensões, nos leva a interagir com o Cosmos e a vivenciar um caminho espiritual que seguramente nos levará à evolução da nossa alma.

Segundo a Física Quântica, tudo é vibração. É possível captar a vibração particular de um objeto, de um órgão ou indivíduo. Essa percepção determina a qualidade de relação entre o homem e o meio, informando qual é a qualidade da energia.

A prática da Radiestesia não necessita de nenhum tipo especial de meditação, mentalização ou invocação. A principal regra é praticar.

Radiestesia Cabalista

Uso dos pêndulos cilíndricos, revestidos com palavras escritas em hebraico, ou alguma outra língua.

Foi descoberta pelo Francês Jean Gaston Bardet em colaboração Jean La Foye. A proposta inicial era criar um tipo de lógica, não cartesiana e não aristotélica. A detecção dos fenômenos estudados é feita por meio de técnicas radiestésicas, chamadas ondas de forma.

MÓDULO VIII

Energia Universal

O campo de energia humana é a manifestação de energia universal intimamente envolvida na vida humana. O corpo luminoso que cerca o corpo físico e o penetra, emite sua radiação característica própria e é habitualmente denominado aura.

O termo energia tem origem no grego energes - ativo que por sua vez, provém de ergon obra. Isto implica sempre em atividade. A Física define como *"todo agente capaz de produzir trabalho"*.

A energia conhecida na Física tem entropia positiva, propaga do local de maior potência para o de menor potência. O orgônio descoberto por Wilhelm Reich tem entropia negativa. Isto é, propaga do menor potencial para o maior. O corpo humano tem maior potencial de orgônio que o ambiente que o cerca. Ele flui do exterior para o interior do corpo.

A energia magnética do globo terrestre banha todos os seres vivos. O campo magnético tem a potência de 0,5 gauss, e é detectado pelos seres vivos por meio de células contendo magnetita, a pedra imã natural.

O reconhecimento de que toda matéria é energia constitui a base para compreensão por que os seres humanos podem ser considerados sistemas energéticos dinâmicos. Por meio da famosa equação $E=mc^2$, Albert Einstein provou aos cientistas que energia e matéria são duas manifestações da mesma substância universal. Esta substância universal é a energia, da qual todos nós somos constituídos.

A consciência ou alma está encerrada num mar de interconexões de energia e se pode perceber através dos cinco sentidos.

Entre as culturas chamadas "primitivas", a telepatia e a capacidade de sintonia entre as pessoas são parte da vida diária.

Os aborígenes da Austrália falam de "confiar no vento". Os bosquímanos da África comunicam-se telepaticamente à distância. Os Kuhunas do Havaí e sacerdotes de outras culturas no Pacífico Sul tem uma capacidade psíquica desenvolvida naturalmente. Os chineses, indianos, tibetanos desenvolveram formas de ioga, meditação, e exercícios interiores para abrir a consciência.

As pesquisas modernas compreendem e tem consciência da vibração, um subproduto da meditação e de outras práticas que estimulam a consciência e o controle da energia sutil. Como por exemplo, a Hathayoga, o Tai-chi, o Reiki, entre outras.

Os chakras

O sistema de energia humano é composto por sete camadas de energia dentro da aura. Os chakras estão localizados na primeira camada de poder e influência sobre o físico, emocional e mental. Atuam como condutores de energia se movendo através de todas as camadas da aura. Sua saúde e integridade são mantidas através de um estilo de vida baseado em pensamentos básicos e amorosos e positivos sobre si mesmo e do mundo que nos rodeia.

Os seres humanos têm sete chakras principais e 20 chakras menores. Todos os pontos de acupuntura também atuam como chakras. Cada chakra ou centro de energia está ligado a um item. Assim, por exemplo, o elemento da terra está associado com o chakra básico. Este chakra está localizado na base da coluna, e é a energia que conduz às ancas, pernas e pés.

Cada chakra corresponde a uma gama de diferentes qualidades e de substâncias. Cada chakra ressoa com uma cor ou uma nota musical.

Encontramos afinidades com certos minerais, pedras preciosas e até mesmo plantas.

Os chakras compreendem diferentes níveis de atividade, consciência e carga de energia. Como por exemplo, o chakra básico é vermelho e tem uma vibração muito densa. Influencia a nossa capacidade de estar presente em nosso corpo e produz a força da vida que precisamos para viver.

Os chakras inferiores são considerados de natureza magnética, enquanto os quatro chakras superiores são de natureza elétrica. Os três chakras inferiores são também conhecidos como chakras fêmea, e são caracterizados pela sua função específica, a qual é receptiva. Eles levam energia da terra e das imediações.

Estes chakras tratam também sobre como podemos dominar nossa vida através de nossos instintos e a energia ancestral herdada para manter a nossa força de vida. Eles contem padrões igualmente responsáveis da doença e da saúde, bem como a coragem, astúcia e prudência necessária para sobreviver.

Os quatros chakras superiores também são conhecidos como chakras masculinos. Eles estão associados principalmente a energia na forma de amor, comunicação, saúde e comportamentos de reflexão interior.

Os sete chakras principais são:

7. Chakra coronário (Sahasrara).

6. Chakra frontal (Ajna).

5. Chakra da laríngeo (Vishuda).

4. Chakra do cardíaco (Anahata).

3. Chakra umbilical (Manipura).

2. Chakra sacro (Swadhisthana).

1. Chakra básico (Muladhara).

MÓDULO IX

A conexão com a energia interna e superior

Na filosofia chinesa denominou a energia como Tao a unidade oculta sob a oposição dos pólos arquetípicos Yin-Yang. A energia primordial Ch'i se condensa e se dispersa ritmicamente, gerando todas as formas que se dissolvem no vácuo. A interação dinâmica entre os opostos polares (negativo/positivo, homem/mulher, cheio/vazio) constituem uma unidade, aspectos diferentes de uma mesma realidade. O Hinduísmo, Budismo e Taoísmo afirmam a existência de uma energia primordial que é formada do universo físico e provém da realidade única (Deus – Ser Supremo).

As energias sutis transcendem a matéria e seus fenômenos. A matéria advém do éter, sendo condutor de todas as energias e da própria luz.

A energia fluida cósmica universal é força vital e responsável pela vida animal, vegetal e etc.

Os seres vivos possuem bioeletromagnético e biomagnetismo que interagem criando um campo bioeletromagnético. Este campo é o bioplasma - constitui o corpo bioplasmático, corpo etérico, vital, duplo etérico.

O corpo bioplasmático absorve a energia vital por meio dos centros de força, os chakras.

Considerando que a mente, energia e matéria são apenas diferentes aspectos da uma única realidade, é fácil entender a interação dinâmica entre esses três elementos. Podemos descrever da seguinte maneira:

Representação gráfica: Uma foto, objeto, data de nascimento, cabelo, etc, é como um sintonizador entre o emissor e receptor. A vontade do operador constitui um modulador-amplificador das energias veiculadas. A Radiestesia permite a interação da mente (psicoenergia) com as energias sutis gerando um efeito físico na matéria viva.

A radiação cósmica é uma ultra-radiação rica em energia, formada por núcleos leves e semipesados e prótons.

Os cristais emitem material sólido, que se propaga em sentido horário. A energia intrínseca dos cristais de quartzo pode ser transformada em eletricidade se os submetermos a uma determinada pressão, chamada piezoeletricidade.

Os cristais podem ser transmitidos ao organismo por meio dos campos magnéticos e eletrostáticos da terra utilizados como onda portadora.

A energia dos cristais e das pedras preciosas pode ser utilizada diretamente ou à distância por emissão radiônica. Estudos feitos com programação psíquica de cristais e seus usos terapêuticos mostram que eles interagem facilmente com as energias sutis. Funciona como emissor / receptor atuando por ressonância vibratória.

O fenômeno da influência do semelhante sobre semelhante por meio do espaço e tempo é chamado de ressonância mórfica. Não diminui na distância como também não envolve transferência de energia, mas de informação. A teoria de transferência de energia nos esclarece como a energia dos testemunhos em Radiestesia se transmite à distância e se faz presente em qualquer lugar onde desejemos detectá-la.

Willian Reich foi um dos únicos a dominar as energias sutis. Estudou psicologia e psiquiatria na Austrália. Ele detectou algumas energias sutis da aura, que as chamou de orgônio, descrevendo de uma maneira muito semelhante aos antigos iogues, sábios e clarividentes.

Reich tinha uma teoria básica que havia energias sutis atmosférica na forma de corpúsculos. Ele desenvolveu esta teoria como "vibro-molecular", "vibro-atômico" e "força atmosférica". Usou a palavra "bions" também conhecida como "glóbulos de vitalidade".

Os glóbulos de vitalidade se devem a uma infusão do oxigênio químico com o *prana* ou a força vital interior que lhes dá uma intensa luz branca. Uma forma da energia *prana*, é de que existem inúmeras variedades ou vibrações que está associada à luz do sol. Este sol abastece as formas de vida como alimento de energia em parte por assimilação direta em nosso sistema de energia biofísica e em parte por energização e criação destes glóbulos de vitalidade que são visíveis em dias ensolarados.

O baço possui um importante duplo sutil, com importante responsabilidade para a assimilação e distribuição corporal da energia sutil ambiental.

Reich deixou claro em seus escritos que se refere a esses glóbulos de vitalidade que flutuam no ar ou uma infusão mais universal de matéria física e sutil. Ele descobriu que, fazendo uma caixa com camadas alternadas de matéria orgânica e inorgânica, poderia captar essa energia de orgônio mais ou menos como efeito de aquecimento de uma estufa onde o calor pode entrar e sair. Ele chamou de acumulador orgônio. O tubo que canaliza a energia orgônio de um acumulador determina partes do corpo com finalidade terapêutica.

Reich verificou que o nível de radioatividade extremamente elevada se torna negativa e destrutiva.

MÓDULO X

Centros energéticos

Em todas as tradições, corpos sutis, centro energéticos são vistos com temas específicos, psicológicos, aterramento, sexualidade, energia, funções fisiológicas, etc. Cada centro energético está ligado a um sentido específico, glândula e plexos nervosos e a um tipo particular e funcionamento perceptual psíquico.

O corpo físico é o mais denso que representa o ponto focal das percepções.

Perispírito ou duplo etérico é o campo de energia que interpenetra o campo energético do corpo físico até o sutil. A emissão eletromagnética do físico atravessa o duplo etérico que permite as percepções extra-sensoriais O campo intuitivo é controlado por este corpo sutil.

Emocional: Acoplado ao corpo sutil, a emanação energética atrai sensações, paixões, memória genérica e percepções externas dos corpos sutil e físico. É responsável pelas reações químicas corporais e funções endócrinas do ser humano.

Sutil: Sonhos podem ser lembrados e registrados no corpo sutil. As questões são revividas pelo corpo emocional e transmutada pelo corpo sutil. Durante o sono, este corpo apresenta interação emocional e psíquica com o mental.

Cada centro energético tem uma série de qualidades especificas que correspondem ao refinamento de energia a partir da base do nível de identidade de material localizado no primeiro centro energético até a maior consciência de vibração em nível da coroa, como prisma de um espectro de cores.

Os centros energéticos são formados na junção de três eixos de energia ligados e que ascende à coluna, um em cada lada do canal central. Os dois canis menores de energia à direita e à esquerda paralelamente à medula espinhal tanto absorve como recolhe *prana* (energia vital) e transforma e transmite energia. Os corpos materiais não existem sem eles, pois servem como caminho para o fluxo de energia e vida nos corpos físicos.

Cada centro energético este relacionado com uma determinada parte do corpo e um órgão que fornece a energia necessária para funcionar. Assim cada órgão do corpo humano tem seu equivalente no nível mental e espiritual, correspondem a um aspecto específico do comportamento e desenvolvimento.

As espirais circulares de energia diferem em tamanho e atividade de pessoa para pessoa, vibram em diferentes níveis em relação à consciência do indivíduo e sua capacidade de integrar as características de cada um em sua vida.

Os centros energéticos mais baixos estão associados a emoções e necessidades fundamentais, pois a energia aqui vibra em uma freqüência mais baixa primitiva e material, portanto densa na natureza. As energias mais sutis dos centros energéticos superiores correspondem às mais altas aspirações mentais e espirituais.

Abertura e fluxo de energia através dos centros energéticos determina o estado de saúde e equilíbrio.

O Conhecimento do sistema de energia sutil capacita o ser a manter o equilíbrio e harmonia do nível físico, mental e espiritual.

Quando os centros energéticos estão abertos, o homem toma consciência dos diferentes planos de existência, revitalizando e harmonizando os planos inferiores.

O ser humano, ao longo da vida tem desequilíbrios; e assim podem fechar seus centros energéticos e sua relação em diferentes planos da vida. Quebrando as travas que causam os bloqueios, equilibramos e harmonizamos a vida.

Existem diferentes maneiras de aumentar a abertura dos centros energéticos; como por exemplo: pelas cores, mantras, som, mandalas, Aromaterapia, florais, Reiki, etc.

CENTROS ENERGÉTICOS

Primeiro centro energético - base

Localizado zona do cóccix - final da coluna vertebral.

Cor: vermelho – resistência e força.

Mantra: Liam

Elemento: Terra

Nota musical: Dó

Forma quadrada – representa o poder o pai – material
Função: Olfato

Princípio básico: vontade física

Relacionado com as glândulas suprarrenais.

Estimula. Energia vital

Correlação física: problemas com comida, músculo, tendões, fragilidade com ossos, rins, reto, dores artrite e nervos ciáticos, resfriado. Depressão, insatisfação.

O sentimento de medo e apego à mãe é sustentado por este centro energético, que libera hormônios para a ativação da vida e da realidade. Este ponto energético prevalece até os 7 anos do indivíduo.

Segundo centro energético - umbilical

Cor – Laranja

Localizado abaixo do umbigo – (Pélvis)

Mantra: Vam

Nota musical: Ré

Elemento: Água

Forma: Círculo – lado maternal – espiritual

Função: Paladar

Princípio básico: reprodução criativa do ser

Relação: glândulas sexuais

Estimula: compaixão

Correlação física: ovários, útero, próstata, infertilidade, problemas com seis, divirculite, apendicite e colite, rins, bexiga, bronquite.

Ligado ao baço e umbigo em geral atua de forma predominante entre 11 a 22 anos. Está ligado à puberdade e adolescência, sonhos, tristezas, culpas.

Terceiro centro energético – Plexo solar

Cor: amarelo ou amarelo dourado

Localizado região do estômago

Elemento: fogo

Mantra: Ram

Nota Musical: Mi

Forma: Triângulo (trindade), o pai, o filho e a mãe.

Função: visão

Princípio básico: constituição do ser

Relação – Pâncreas – fígado – vesícula biliar

Correlação física: pâncreas, males do fígado e rins, úlcera estomacal, duodenal, gastrite, má digestão, negatividade, orgulho, inveja, má vontade e submissão. Ligado ao corpo sutil e emocional atua em geral dos 22 aos 33 anos, durante o período de adaptação e amadurecimento do caráter do ser. Quando se sente medo, insegurança, preocupação, há mal-estar nesta região.

Quarto centro energético – coração

Cardíaco – localizado meio do peito cor: verde

Elemento: Ar

Mantra: Yam

Nota Musical: Fá

Forma: Hexagrama

Função: Tato

Relação: Glândula Timo

Princípio básico: abnegação do ser

Estimula: receber e dar perdão

Correlação física: pulmões, coração, braços, mãos, costelas, ombros, peitos, distúrbios circulatórios, asmas, depressões, angústia, dores de cabeça, constipação intestinal.

Este centro energético atua de forma integral com os outros, mas tem uma amplitude de atuação maior entre os 33 e 44 anos.

O coração é uma importante válvula de sustentação dos outros centros energéticos e do aspecto crístico, por manter a chama trina e a conexão do "eu sou".

Quinto centro energético – Laríngeo – garganta

Cor: Azul claro

Localizado na garganta

Elemento: éter

Mantra: Ham

Nota Musical: Sol

Forma: crescente

Função: Audição

Princípio básico: ressonância do ser

Relação: Tireóide

Estimula comunicação: - expressão

Correlação física: pulmões, brônquios, voz, tratamento digestivo, laringe, faringite, tireóide, paratireóide, doenças mentais, depressão, coluna cervical, dentes, distúrbio com a fala, covardia, nervosos, fobias.

Ligado ao corpo mental inferior, atuando diretamente no espectro racional do indivíduo. Ligado a formas-pensamentos, tem importante atuação do ego e da arrogância; aspectos negligenciados pela dificuldade em ver os defeitos. Atua dos 44 aos 55 anos; fase de autoafirmação dos seres humanos. Este centro energético trabalha o campo mental e as suas relações com padrões e dogmas religiosos conceituais que o mental absorve como verdadeiro. Esses são fortes obstáculos no processo da auto cura.

Sexto centro energético – frontal

Cor: índigo. Também pode ser amarelo e violeta. Elemento: todos

Localizado entre as sobrancelhas – terceiro olho

Mantra: Ksham

Nota Musical: Lá

Forma: Círculo branco e dourado

Função: percepção sensorial

Princípio básico: autoconhecimento

Relação: Hipófise

Estimula: dons espirituais

Correlação física: rosto, olho, ouvido, cerebelo, sistema nervoso central, eczemas, nódulos, renites, enxaqueca, surdez, problemas com olhos, catarata, rigidez, insônia, pesadelos.

Relacionado com corpo mental superior, atua mais intensamente entre os 56 e 67 anos do ser.

Sétimo centro energético – coroa

Cor: violeta

Coronário – localiza topo da cabeça

Elemento: éter

Mantra: OM

Nota Musical: Si

Forma: Oval

Princípio básico: ser puro

Função: Livre arbítrio

Relação: Glândula Pineal - epífise

Estimula: espiritualidade

Correlação física: sistema imunológico, sistema nervoso, dores de cabeça, fragilidade nos ossos, pancadas na cabeça, depressão, insônia, tumores. Envelhecimento precoce, insanidade, loucura.

Este se estende até final da vida do ser, tendo maior atuação entre 67 e 79 anos. O ser atinge este centro energético, conectando ao seu corpo causal, passando a refletir sobre a vida que desenvolveu. Este centro energético e corpo sutil são registros pessoais, que nos conecta às nossas outras parcelas sustentadas pela Divina Presença do "Eu sou".

Cada centro energético é uma chave de acesso aos traumas adquiridos durante a vida.

Podemos fazer no corpo humano correlação dos centros energéticos os descritos acima e no ponto reflexo do corpo humano.

MÓDULO XI

Energias nocivas

A Radiestesia, através da sensibilidade, consegue medir as energias telúricas capazes de desequilibrar o ser humano, causando doenças, perturbações emocionais, desarmonias conjugais e tantos outros efeitos. Todo ser vivo precisa das duas grandes energias que se completam: energia cósmica e telúrica. Precisamos mais da cósmica do que da telúrica. Percebemos que as energias são indiferentes e que plantas e animais necessitam destas energias em escala diferente da nossa. Todos os animais se afastam dos lugares onde há fortes energias telúricas. Há os que precisam delas e as procuram, como o gato, a formiga, abelhas e outros.

As principais causas das energias nocivas são correntes de água subterrâneas, atravessando terras, esgoto, condutos de água contaminada, fendas e aterros geológicos, cavernas, jazidas de certos minerais nocivos, muros impregnados de micróbios de pessoas mortas, quadros, estátuas, flores, perfumes, objetos preparados em rituais mágicos, ossadas, túmulos e objetos nocivos sobre as construções de casa, televisores, fornos micro-ondas, etc.

As energias intrusas são energias que não pertencem ao local ou objeto; mas foram colocadas ali por diversos processos, emocionais inconscientes, intencionais (magia negra), sob o efeito de emoções fortes.

Quando detectar energias em uma casa, observar quadros, imagens, estátuas, flores secas, móveis antigos, objeto de arte e decoração, bonecas, travesseiros, etc.

O termo elementais é utilizado há muitos anos em diversos segmentos; entre eles, elementais da natureza chamados também de gênio da natureza e as formas pensamentos.

Gênios da Natureza: Representa a força da natureza primordial e secundária que pode ser utilizada pela mente para gerar energia e elementais diversos. Gnomos, Duendes e Salamandras.

Elementais da natureza: Energia primordial atômica da natureza a essência da vida, que serve de alicerce e alimento para os gênios da natureza.

Elementais: Forma-pensamento, desejo, praga, maldição, qualquer forma de energia direcionada para um determinado ponto. Ha também os elementais de amor, harmonia que são de aspectos positivos. É mais fácil captar as formas mais densas porque agrupam no campo áurico, por ressonância.

O que o ser humano emite através de seus pensamentos, sentimentos e hábitos é o que ele atrai para seu campo magnético e corpo sutil.

Segundo Rodrigo Romo, em seu livro "*Tratado deCura Quântica Estrelar,*" existem alguns elementais que podem acompanhar uma pessoa por várias encarnações e são difíceis de serem detectados. Pois aparecem como parte espiritual da pessoa, por estarem acoplados há centenas e milhares de anos, necessitando de transmutação. Esses elementos também são de complicada remoção, uma vez que estão incorporados no corpo causal e nos respectivos campos de ressonância de cada corpo sutil.

Os seres humanos possuem uma estrutura de sistema nervoso central simpático e parassimpático, que sustenta as relações da coordenação funções orgânicas e energéticas ligadas ao sistema endócrino e centros energéticos. Quando estes elementais estão atuando, há um desvio da energia produzida no sistema vital, o que gera enfraquecimento do campo elétrico.

A coluna representa um importante vórtice de energia telúrica, conectando além da energia kundaline, energias herméticas de ativação dos 32 corpos e as diversas malhas eletromagnéticas das linhas da terra e dos meridianos conhecidos como Hartmann.

Alguns elementais:

Inveja: Atua no centro energético umbilical.

Raiva: Provoca doenças e fraqueza. Localiza-se altura do fígado, desencadeando desequilíbrios.

Ódio: Atrai seres desencarnados. Causa desequilíbrio no centro energético – plexo solar.

Medo: Fraqueza de caráter – crise de depressão, pânico, insegurança. Centro energético plexo solar e básico.

Culpa: Incapacidade e falta de autoestima. Não possui ponto específico energético

Luxúria: Disfunção adquirida. Atua no campo emocional. Plexo solar, básico.

Comodismo: Sistema nervoso central drena a criatividade da pessoa.

Há outros elementais, tanto negativos quanto positivos influenciando nas formas-pensamentos do ser humano.

Implantes, dentro da visão holística são mecanismos de controle emocional e mental, podendo atingir os níveis mais negativos da parte sutil.

O implante tem uma graduação e divisão em positivo e negativo. São implantados durante o nascimento ou em períodos de distúrbios energéticos. Impedindo a utilização do potencial, eles podem ser retirados, pois podem bloquear aspectos de nossa vida.

O implante pode ser etéreo ou material, conforme sua origem e o seu destino dentro de cada gama dimensional e freqüência. Variam conforme a finalidade. O implante pode atuar somente nos planos sutis da pessoa ou mesmo interferir diretamente no físico, interferindo nas reações químicas que vão atuar nas enzimas e hormônios do corpo humano.

O estudo de Radiestesia exige determinação e paciência. Para que se desenvolva a sensibilidade às radiações que será transmitida ao pêndulo de forma mais assertiva possível, é necessário praticar todo tempo, preferencialmente, escolhendo-se um pêndulo e carregando-o consigo para todos os lugares, colocando em uma carteira ou em uma bolsa. E, quando houver alguma pergunta, a mesma pode ser feita ao pêndulo.

Lembrando sempre das leis de ação e reação e do livre arbítrio. Devemos ser neutros em nossas perguntas e não manipular ou induzir uma resposta.

MÓDULO XII

Radiônica e introdução à energia das formas

Gráfico de Luxor

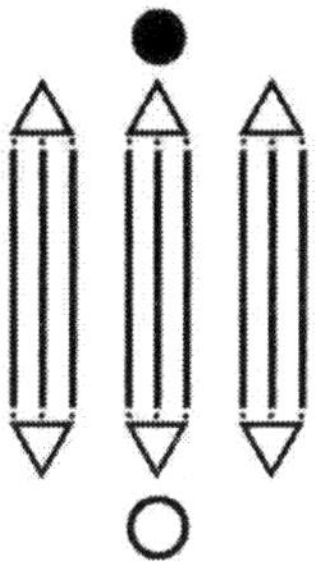

É usado para neutralizar através da absorção, focos telúricos (energia que sobe pelo solo) detectados em ambientes.

Normalmente é colocado sobre o foco, neutralizando-o.

É muito utilizado embaixo de camas que apresentam focos nocivos, apresenta excelentes resultados, para a saúde e humor das pessoas que dormem sobre elas.

Turbilhão

É utilizado para a realização e agilização de objetivos materiais: sucesso nos negócios, prosperidade, empregos, compras e vendas.

Também é indicado para problemas de saúde.

Trabalha-se da seguinte forma:

Colocamos o objetivo (já potencializado no Decágono) no centro do Turbilhão.

Em cima do objetivo coloca-se o testemunho.

No caso de saúde, podemos colocar sobre eles o nome do remédio.

Nos pedidos materiais, podemos colocar pedras ou metais.

Outros Gráficos

Trígono – decágono: potencializador de energia.

Nove círculos: proteção – pedidos de saúde, prosperidade, viagens, negócios, eliminar dores.

Diafragma I: limpeza; calmante; acelerar a regeneração dos tecidos; harmonizante.

André Philippe: proteção contra irradiações elétricas e eletrônicas. Eficaz para tratamento de alcoolismo.

Desenho de Luxor: minimiza as influências negativas do subsolo.

Cone

O cone é uma grande fonte de energia para curar, principalmente doença mental. Ele é uma câmara de ressonância que produz vibrações na mesma faixa de onda da doença.

Bastão Atlante

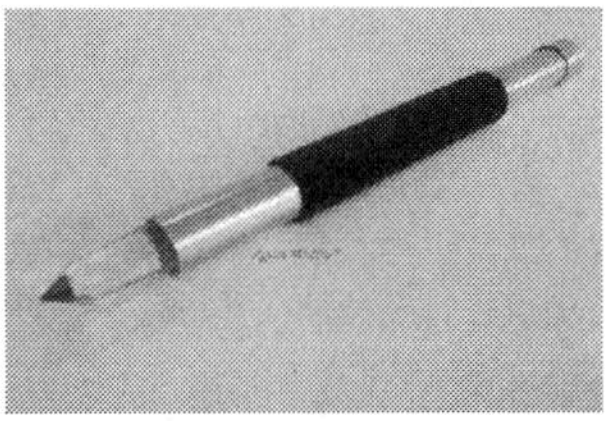

Ele é composto basicamente de um tubo de cobre com um cristal de quartzo em uma de suas extremidades e uma tampinha de cobre na outra, ou outra pedra. O revestimento exterior é de couro, camurça ou courvim. O tubo de cobre atua como um acumulador de energia ou condutor. O couro é isolante e o cristal é um direcionador.

O bastão é capaz de liberar uma grande quantidade de energia, dependendo da força e determinação do operador. Sua fundamental aplicação é para o reequilíbrio e cura de pessoas, plantas, animais, alimentos e água.

Ele é um acelerador ou gerador de raios, partículas sub-atômicas. Ao segura-lo, nosso campo biomagnético começa a atuar através dele. Portanto, ele é um acelerador de qualquer processo de cura.

Testemunho

Testemunho é uma fração que tem as características do todo (um fio de cabelo, uma gota de sangue, um pedaço de uma unha ou roupa, saliva, foto, endereço, nome, documento de identidade), qualquer parte que esteja impregnada com a freqüência energética da pessoa.

Figura humana como gráfico emissor

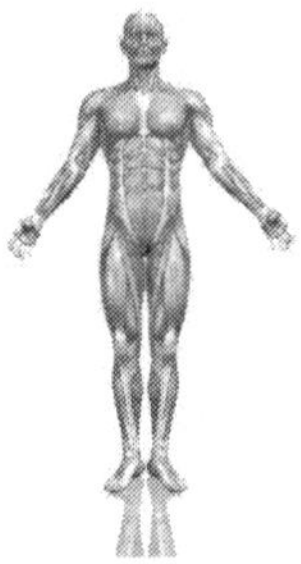

Neste gráfico emissor vamos sondar com o pêndulo, qual o local que está em desequilíbrio.

1º. Posicionar o gráfico na direção norte-sul.

2º.Coloca-se junto ao gráfico o testemunho para personalizá-lo.

3º. Usa-se o bastão Atlante para energizar todos os chakras e locais afetados, imaginando um raio branco-azulado saindo da ponta do bastão.

Neste gráfico também é aconselhável colocar um pedido de cura para o órgão, víscera, meridiano ou parte do corpo afetada. Pode-se também colocar o cone na região afetada.

Depois desses procedimentos verifica-se novamente com o pêndulo se houve a cura do problema.

Pode-se ainda utilizar o gráfico da coluna, do esqueleto, assim como de outros sistemas.

Ambiente como emissor

O ambiente também emana vibrações positivas ou negativas e dependendo delas vai ajudar na vida ou cura de uma pessoa ou vai atrapalhar ou mesmo eliminar a vida de uma pessoa.

O reconhecimento do tipo de energia de um ambiente é muito importante e pode ser feito através do pêndulo ou varinha. A cura de um ambiente pode ser procedida pela colocação de uma pedra no local doente (quartzo rosa) ou através de uma defumação apropriada.

Bibliografia

Siqueira, Renato G de Cinestesia do saber: radiestesia e radiônica expressão do nosso inconsciente – São Paulo: E. Rua, 1998

Bachler, K Radiestesia e Saúde: Influências Geobiológicas sobre os Seres Vivos – São Paulo: E. Cultrix, 2006

Wills, P Manual de Reflexologia e Cromoterapia – São Paulo: E. Pensamento, 2007

Valcapelli Cromoterapia: a cor e você – São Paulo: E. Roka, 2000

Rentes, O Curso Livre de Cromoterapia – A Harmonização do corpo pela cor – São Paulo: apostila do curso módulo I

SOBRE O COORDENADOR

Rômulo Borges Rodrigues é Terapeuta Holístico, Mestre de Reiki e Consultor.

Trabalha com Reflexologia, Reiki, Massagem, Florais, Hipnose, Regressão, Terapia de Vidas Passadas, Numerologia e ministra cursos online.

Estuda e pesquisa sobre a espiritualidade há mais de vinte anos.

Iniciou seus estudos metafísicos na Doutrina Espírita, onde fez cursos e atuou nos trabalhos mediúnicos.

Foi membro da Associação Internacional Amigos da Natureza (AIANATU - SP), na qual fez parte do trabalho de cura espiritual.

Também foi membro da Ordem dos Filhos da Luz (Piracicaba - SP).

Foi integrante da Ordem dos Templários, onde foi dirigente do hospital de cura espiritual de uma das suas sedes.

Atualmente, é coordenador do Projeto Nova Era na cidade de São Paulo, no qual dá palestras e ministra tratamento alternativo para o público.

Escreve artigos quinzenais para sites e revistas sobre vários temas e é autor das seguintes obras:

• *"Sociedade Hipócrita e Corrupta"*

• *"Planeta Terra em Fase de Transição"*

• *"Arcanjos e Arquétipos"*

• *"Guia Prático dos Anjos"*

• *"Numerologia – A Ciência Milenar dos Números"*

• *"A PODEROSA INFLUÊNCIA DOS NÚMEROS SOBRE AS NOSSAS VIDAS – O que a Numerologia revela sobre o nosso passado, presente e futuro"*

"DESCUBRA SEU POTENCIAL, DONS E TALENTOS INATOS ATRAVÉS DA NUMEROLOGIA"

• *"REIKI – ENERGIA VITAL UNIVERSAL (Harmonia, Equilíbrio e Cura)"*

• *"OS FLORAIS DE BACH – Equilíbrio e Harmonia Através das Essências"*

• *"O PODER DA MENTE – A Chave Para o Desenvolvimento das Potencialidades do Ser Humano"*

• *"Os Ensinamentos de Siddartha Gautama, o Buda"*

• *"A História do Budismo – Princípios, conceitos, ensinamentos"*

• *Ensaio Sobre o Budismo Tibetano*

• *"Cuide de Você e Tenha Mais Qualidade de Vida" (Vols. I, II, III, IV e V")*

• *"A Regência Cósmica"*

• *"Alimentação Saudável = Saúde Perfeita" (Vols. I, II, III, IV, V, VI e VII)*

• *"QUALIDADE DE VIDA – Definição e conceitos"*

• *"OS MECANISMOS DA MENTE – A sua natureza comportamental"*

• *"HIPNOSE, REGRESSÃO, TERAPIA DE VIDAS PASSADAS – Metodologia, efeitos e benefícios"*

• *"TRATADO SOBRE AS RELIGIÕES E CORRENTES FILOSÓFICAS – Síntese dos sistemas religiosos e correntes filosóficas"*

• *"GUIA COMPLETO DAS TERAPIAS ALTERNATIVAS – Métodos terapêuticos naturais que proporcionam saúde integral"*

• *"ESTUDO SOBRE AS TERAPIAS COMPLEMENTARES – Técnicas terapêuticas integrativas que proporcionam equilíbrio e harmonia"*

• *"PRÉ-EXISTÊNCIA E PÓS-EXISTÊNCIA DA ALMA (Vidas passadas, vidas futuras) – Nascimento – morte – renascimento: a abordagem das religiões sobre esse tema"*

• *PRINCÍPIOS, FILOSOFIA E METODOLOGIA DA MEDICINA HOLÍSTICA - Os recursos e métodos terapêuticos utilizados nos tratamentos e terapias*

• *A ANATOMIA SUTIL DO CORPO HUMANO*

• *OS CHAKRAS*

• *"CURSO DE REIKI"*

• *"CURSO DE FLORAIS"*

- *"CURSO DE REFLEXOLOGIA" (Massagem Podal)*
- *"CURSO DE NUMEROLOGIA" – Método simples e prático*

•*CURSO DE HIPNOSE, REGRESSÃO, TVP, TMS – Metodologia simplificada*
•*CURSO DE FENG SHUI – Técnica chinesa milenar de harmonização e equilíbrio de ambientes*
•*CURSO DE CROMOTERAPIA*
•*CURSO DE ÓLEOS ESSENCIAIS*
•*CURSO DE AROMATERAPIA*
•*CURSO DE FITOTERAPIA*
•*CURSO BÁSICO DE MASSOTERAPIA*
•*CURSO DE TERAPIAS INTEGRATIVAS*
•CURSO DE CRISTAIS

DESTAQUE

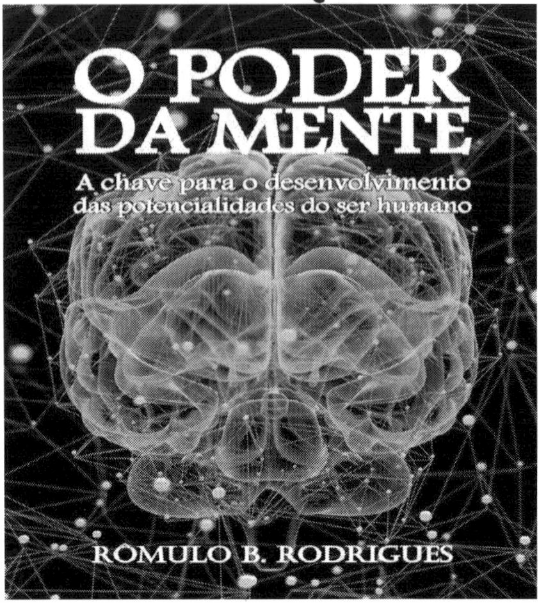

Gênero: Reprogramação mental
Amazon - 146 págs – 14x21
SINOPSE:

Que não usamos plenamente a força que temos em nossa mente, não é novidade pra ninguém. Nosso cérebro e sua capacidade total ainda é um mistério a ser desvendado. Com o passar dos anos e à custa de muitas pesquisas e estudos, aconteceram avanços significativos nesta área. Não são poucas as pessoas que, atualmente, conseguem resultados sensacionais através do amplo domínio que aprenderam a ter sobre aquilo que pensam. Realizar primeiro na cabeça facilita a concretização de planos, sonhos e metas. Há inúmeros casos e exemplos de pessoas que, pelo condicionamento, auto-sugestão, reprogramação, programação neurolinguística, hipnose e outros métodos, conseguiram mudar radicalmente de vida, tanto no âmbito material como no espiritual. A revolução acontece e está ao alcance de todos; ou melhor, de todos que se despem dos preconceitos e se permitem trilhar outros caminhos. Querer é poder, sim; mas antes, é preciso se preparar para a batalha da vida. A vitória há de chegar; mas, para isso, precisamos usar a capacidade mental que temos em nosso favor. O objetivo deste livro é justamente tirar o manto do preconceito que paira sobre temas que podem ser bastante benéficos às pessoas.

ÚLTIMO LANÇAMENTO

Gênero: Psicologia aplicada
Amazon – 263 págs – 14x21
SINOPSE:

A sociedade da época atual está atravessando uma fase sem precedentes na história das sociedades dos séculos pretéritos. A "modernidade" e o avanço tecnológico tem causado profundas alterações no comportamento humano. Alguns dos fatores que têm determinado mudanças no comportamento, são:

- A pressão da mídia para o consumo;
- O estabelecimento de padrões rígidos de beleza e estética;
- A disputa acirrada por status e posição social;
- A busca incessante pelo dinheiro e pelo poder;
- A luta pela sobrevivência;
- Entre outros.

Tais fatores acabam ocasionando uma total inversão de valores, resultando em uma sociedade extremamente individualista. Ou seja, todos os seus membros tornam-se "vítimas de vítimas" do padrão negativo de personalidade e de conduta que a própria sociedade adotou.

OUTRAS OBRAS DO AUTOR

AMAZON
137 págs – 14x21

AMAZON
122 págs – 14x21

AMAZON
141págs – 14x21

AMAZON
84 págs – 14x21

AMAZON
78 págs – 14X21

AMAZON
240 págs – 14x21

AMAZON
395págs – 14x21

AMAZON
192 págs – 14x21

AMAZON
80 págs – 14x21

AMAZON
82 págs – 14x21

AMAZON
133 págs – 14x21

AMAZON
150 págs – 14x21

AMAZON
80 págs – 14x21

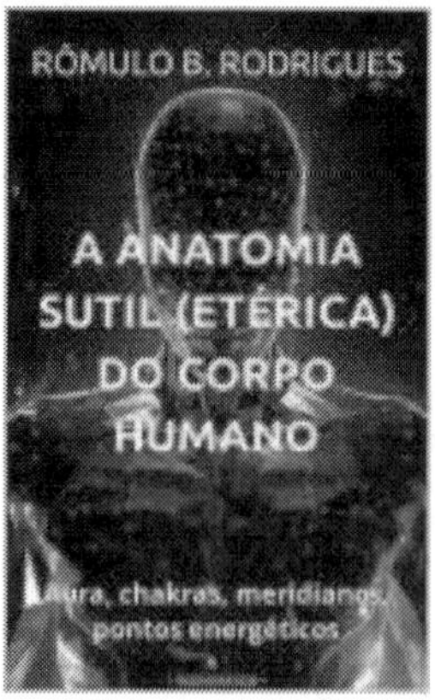

AMAZON
103 págs – 14x21

AMAZON
97 págs – 14x21

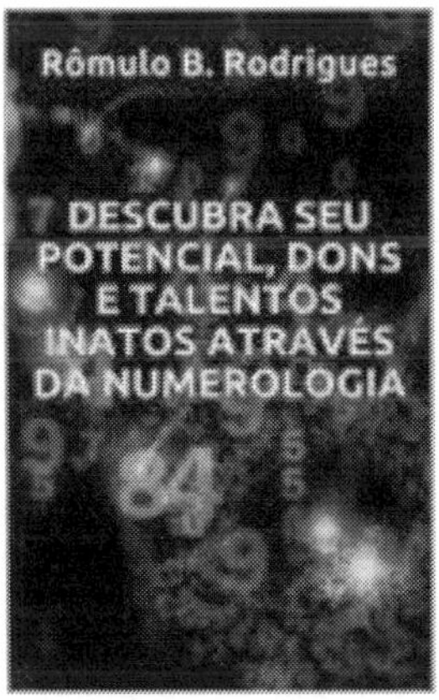

AMAZON
148 págs 14x21

AMAZON
58 págs – 14x21

AMAZON
91 págs – 14x21

AMAZON
254 págs – 14x21

AMAZON
96 págs – 14x21

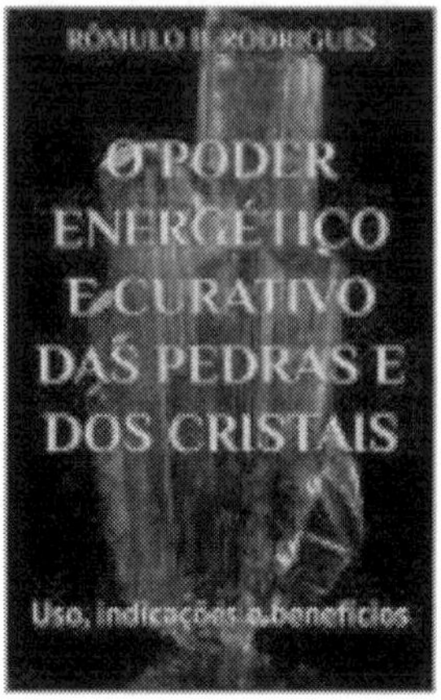

AMAZON
94 págs – 14x21

AMAZON
135 págs – 14x21

AMAZON
132 págs -14x21

AMAZON
87 págs – 14x21

AMAZON
76 págs – 14x21

AMAZON
138 págs – 14x21

AMAZON
300 págs – 14x21

AMAZON
114 págs – 14x21

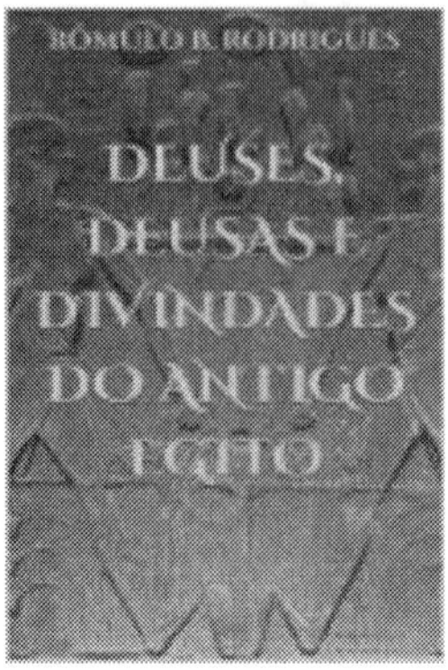

AMAZON
121 págs – 14x21

AMAZON
195 págs – 14x21

AMAZON
247 págs – 14x21

AMAZON
142 págs – 14x21

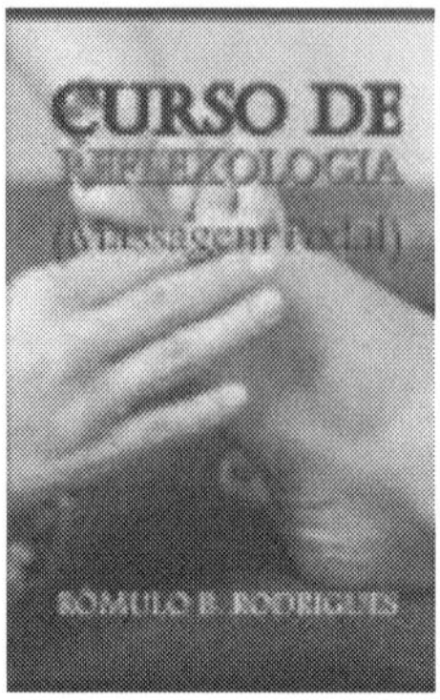

AMAZON
180 págs – 14x21

AMAZON
173 págs – 14x21

AMAZON
40 págs – 14x21

AMAZON
114 págs – 14x21

Made in the USA
Monee, IL
21 October 2026

66035051R00062